DÉCOUVERTE
DU
TESTAMENT ORIGINAL
D'AUFREDI

Lecture faite le 16 Décembre 1876, à la séance publique de l'Académie de la Rochelle

PAR

L. MESCHINET DE RICHEMOND

Archiviste de la Charente-Inférieure, Correspondant du Ministère de l'Instruction publique
pour les travaux historiques, Officier de l'Instruction publique.

NIORT — PARIS
LIBRAIRIE L. CLOUZOT — LIBRAIRIE D'ALPHONSE PICARD

1877

DÉCOUVERTE

DU

TESTAMENT ORIGINAL

D'AUFREDI

Lecture faite le 16 Décembre 1876, à la séance publique
de l'Académie de la Rochelle

PAR

L. MESCHINET DE RICHEMOND

Archiviste de la Charente-Inférieure, Correspondant du Ministère de l'Instruction publique
pour les travaux historiques, Officier de l'Instruction publique.

NIORT | PARIS
LIBRAIRIE L. CLOUZOT. | LIBRAIRIE D'ALPHONSE PICARD.

1877

DÉCOUVERTE

DU

TESTAMENT D'AUFREDI

La légende la plus populaire à la Rochelle est assurément celle de ce bourgeois du treizième siècle, dont les dix vaisseaux partis pour des mers lointaines prolongent leur voyage durant dix années, et reviennent chargés d'une riche cargaison, au jour où l'armateur, dont cette longue absence avait trompé les prévisions, tombé dans la plus grande détresse, abandonné de ses proches, était réduit au rude labeur des portefaix. Retrouvant avec le retour de ses navires une fortune inespérée, ému de sympathie pour des misères qu'il a appris à connaître en les partageant, Aufredi fonde en 1203 l'aumônerie nouvelle qui emprunte son vocable au voisinage de l'église Saint-Barthelémy, s'y consacre avec sa femme Pernelle au soin des pauvres et meurt dans l'hôtel-Dieu qu'il a fondé, laissant à la postérité un nom, que la reconnaissance de chaque siècle entoure d'une auréole nouvelle.

Les traditions recueillies au bout de trois siècles par le Conseiller au Présidial Raphaël Collin ont servi de point de départ à tous les récits successifs. (*)

Les dix vaisseaux, les dix années de traversée, la prétendue dureté des parents d'Aufredi à son égard se sont perpétués dans toutes les relations.

De la légende essayons de dégager l'histoire.

Ce qu'il importerait de posséder, c'est un document contemporain d'une authenticité inattaquable, c'est l'acte même de la fondation de l'aumônerie, c'est le testament original d'Alexandre Aufredi.

Or ce testament avait jusqu'ici échappé à tous les érudits rochelais, même au savant abbé Cholet, (**) auquel appartient l'honneur d'avoir remis en lumière ces vénérables reliques d'un autre âge.

Nous avons eu la bonne fortune de mettre la main sur le précieux parchemin qui dormait dans un galetas de l'hospice civil de Saint-Louis son sommeil six fois séculaire.

Le voilà horriblement troué, balafré, privé de son sceau, mais gardant, malgré les injures du temps et

---

(*) M. L. Delayant a consacré à Aufredi les travaux suivants :
1° Biographie du département — *Charente-Inférieure*, 1833.
2° *Bulletin de la Société des Antiquaires de France*, 1865, page 44.
3° Deux lettres au Rédacteur de la *Charente-Inférieure*, les 6 et 20 Nov. 1862.
4°. Projet d'une inscription commémorative pour le vestibule de l'hôpital fondé par Aufredi — 15 juin 1863.
5° *Annales de l'Académie de la Rochelle*, n° 12, 1865.

M. Jourdan a fait dans la 9e *lettre rochelaise* (*Courrier de la Rochelle*, du 2 avril 1859) l'histoire des anciens établissements hospitaliers de cette ville. Voir le *Courrier* du 20 décembre 1876.

(**) *Echo Rochelais* du 23 février 1856.

la dent des rats, les caractères indiscutables de son authenticité.

Point de date. Le bas de la charte est rongé, mais la date se lit dans la physionomie du document, dans cette gothique élégante, arrondie, perlée, criblée d'abréviations très régulières qui cependant ont trompé des gens habiles. La date se lit dans la magistrature annuelle du Maire, rapprochée de l'épiscopat du vénérable prélat de Saintes, Ponce II de Pons, qui à défaut de notaire, a imprimé au testament son caractère d'authenticité en y apposant son sceau armorial. La cire s'est depuis détachée de la queue de parchemin qui la soutenait, mais la formule finale de la charte atteste l'accomplissement de cette importante formalité.

Sans oublier le proverbe italien qui stigmatise la traîtrise des traducteurs, essayons une version littérale du latin d'Aufredi, après avoir comblé les lacunes de l'original.

« A tous les fidèles chrétiens auxquels ces présentes parviendront, Alexandre Aufredi, Salut. Qu'ils sachent que moi, en présence de mon vénérable père Ponce, par la grâce de Dieu, évêque de Saintes, j'ai révoqué toutes les dispositions et ordonnances antérieures, de quelque nature qu'elles soient et à l'égard de qui que ce fut, au sujet de la nouvelle aumônerie que j'ai construite à la Rochelle et j'ai établi dans ladite maison un laïque *(laïcus)* comme procureur du temporel pour administrer le bien des pauvres. Je veux et j'ordonne à présent que Pierre Barbe, s'il a le bonheur de revenir des pays d'outre-mer, soit l'économe perpétuel de cette maison, mais s'il ne revient pas, je veux et j'ordonne qu'on y établisse un procureur d'après le conseil de mon père Ponce, évêque de Saintes, mon bien cher ami personnel *(amicus carnalis)* et d'après l'avis des prud'hommes Jehan Galerne, maire, Sanz de Beaulieu, Aymery de Cahors, Jehan Junan, Girard de la Chambre, S. Guiart, Pierre Foucher, Jehan de Jart, Philippe Léger, Alexandre Tolope et Geoffroy Aufredi. Après le décès de ceux-ci, je veux que le procureur soit institué d'après le conseil du Maire et de dix prud'hommes de la Rochelle, dont la moitié sera de ma famille, si on peut en trouver de qualifiés à la Rochelle. J'ordonne aussi que maintenant Hubert, prêtre, et maître Gaultier, s'il revient des pays d'outre-mer, y soient établis pour administrer les sacrements de l'Eglise, à l'exception du baptême, aux pauvres et aux frères de ladite maison. Si maître Gaultier ne revient point, qu'un autre prêtre soit institué au choix du procureur de la maison et sur le Conseil des prud'hommes ci-dessus désignés. Que l'un de ces prêtres autorisé par l'Evêque de Saintes, ait la charge de l'âme des frères et des pauvres de la maison. Chacun de ces prêtres recevra de l'établissement dix livres seulement et sera logé et nourri aux frais de l'aumônerie. Si les prud'hommes s'aperçoivent que le procureur de la maison ou le prêtre qui n'a pas charge d'âmes, ne se conduit pas honorablement, ils pourront le congédier sans consulter le Seigneur Evêque. Quant à celui qui aura charge d'âmes, ils pourront également le congédier avec l'agrément du Seigneur Evêque. Je lègue tous mes biens meubles et immeubles, et toutes mes dettes actives à lad. aumônerie, à l'exception de ce que j'ai légué à ma femme, à cette condition que lad. maison satisfasse convenablement au gré de mes exécuteurs testamentaires, savoir : le Seigneur Ponce, vénérable évêque de Saintes, Sanz de Beaulieu, Aymery de Cahors, Jehan Junan, Girard de la Chambre, S. Guiart, Pierre Foucher, Jehan de Jart, Philippe Léger, Alexandre Tolope et Geoffroy Aufredi, à mes dettes et obligations et mondit Seigneur Evêque, sur ma requête, a fait apposer son sceau aux présentes pour en attester la vérité. »

Aufredi meurt et ses dernières volontés ne sont pas respectées. Il laissait une grande fortune territoriale.

« Hélas ! est-ce une loi sur notre pauvre terre,
Que toujours deux voisins auront entre eux la guerre ?
Que la soif d'envahir et d'étendre ses droits

Tourmentera toujours les meuniers et les rois ?
En cette occasion le roi fut le moins sage ; »

Le roi s'appela « l'ordre du Temple. » Ecoutons le savant supérieur de l'Oratoire, l'historien Arcère : (*)

« Les Templiers établis à la Rochelle s'y comportoient alors en gens de guerre qui réunissent rarement la valeur et la modération, et non en religieux dont l'humilité et le désintéressement doivent former le vrai caractère. Comblés des bienfaits des fidèles, ils couroient encore après des biens temporels dont l'abondance étoit moins pour eux la ressource des besoins que l'écueil de la vertu. Fiers des services qu'ils rendoient à la chrétienté, ils étoient devenus insolents, ils s'emparoient des biens domaniaux et s'efforçoient de cacher leurs usurpations par l'apposition des armoiries de leur ordre sur les maisons et les portions de terres qu'ils envahissoient. »

Les noms de « cour de la Commanderie » et « rue du Temple » indiquent encore le centre des vastes possessions des Templiers à la Rochelle. Une vieille porte, une fenêtre gothique, quelques pierres tombales subsistent encore comme témoins de ces lointains souvenirs. En 1139, Aliénor d'Aquitaine confirma les Templiers dans leurs vastes héritages. En 1314, la suppression de l'ordre fut prononcée par le Saint Siége, et les hospitaliers de Saint-Jean de Jérusalem héritèrent de leurs domaines.

Malgré l'immense étendue de leur Seigneurie, les

(*) Hist. de la Rochelle, I. p. 208.
Rymer, t. I. ann. 15. Johann. — *Bulla de insolentia Templariorum reprimenda.*

Templiers convoitaient les libéralités faites par Aufredi à l'aumônerie naissante et ils envahirent l'hôpital à main armée.

Le maire et les bourgeois de la Rochelle adressèrent alors une supplique éplorée à Henri III d'Angleterre — puisque tout l'ouest de la France avait passé aux Anglais à la suite du fatal divorce de Louis VII.

Voici d'après les liasses de la Tour de Londres (*) la teneur de ce document écrit dans un latin qui vise à l'élégance.

« A leur très-excellent et très-cher Seigneur Henri, par la grâce de Dieu, très-illustre Roi d'Angleterre, Seigneur d'Irlande, duc de Normandie et d'Aquitaine, comte d'Anjou et à son noble et prudent conseil.

» Ses humbles et entièrement dévoués, Jehan Galerne, maire et les Bourgeois de la Rochelle, Salut, service dévoué en toutes choses et fidélité.

» Des larmes dans la voix, étouffés par nos sanglots, nous pouvons à peine expliquer à Votre Excellence et à Votre Altesse, l'entreprise si regrettable qui vient de s'accomplir à la Rochelle.

» Feu Alexandre Aufredi, votre bourgeois de la Rochelle, de bonne mémoire, a construit une maison aumônière dans votre ville de la Rochelle et sur vos fiefs, pour le salut de son âme et de celle de ses parents, il a, par une pieuse dévotion, légué de vive voix à Dieu et au soutien des pauvres, tout ce qu'il avait acquis depuis le moment où il avait commencé à édifier la susdite maison, il a ordonné que, quoi qu'il arrivât de lui, un prieur laïque y

---

(*) Liasses de la Tour de Londres, 7. — Copie de Bréquigny. — Champollion-Figeac : Lettres des Rois et documents inédits sur l'Histoire de France, I, p. 31.

serait établi, par la main du maire et de vos prud'hommes de la Rochelle et que lad. maison serait gouvernée par leur conseil et qu'il serait pourvu aux besoins des pauvres qui y seraient recueillis, il a confirmé toute cette donation par son testament et ordonnance de dernière volonté, en présence du Seigneur Evêque de Saintes et d'un certain nombre de prud'hommes, avec l'assentiment de son épouse, révoquant entièrement toutes les dispositions prises précédemment par lui dans l'intervalle, au sujet de lad. maison, soit avec les Templiers, soit avec tous autres. Ces mêmes Templiers, obstinés dans leur malice, ayant réuni les frères et les hommes du Temple, sont entrés par violence dans lad. Aumônerie et au préjudice de votre hommage, se sont mis injustement en possession de la maison et de ses appartenances. Votre prévôt, voyant leur orgueil effréné et le grave dommage dont souffrait votre domaine a remis les ayant droit en leur ancienne possession et, il a immédiatement chassé les Templiers de l'Aumônerie par les voies de la justice. Mais si, malheureusement — ce qu'à Dieu ne plaise — cette maison demeurait entre leurs mains, comme elle possède plusieurs appartenances, maisons, places, cens, rentes à la Rochelle, comme ils ont malicieusement et injustement, ainsi que nous vous l'avons plusieurs fois fait connaître, acquis des hommes, des maisons, des cens et d'autres biens, tenez pour certain qu'ils seront maîtres de la meilleure partie de votre ville.

» C'est pourquoi nous supplions humblement et dévotement, avec le plus d'instances possible, Votre Excellence Royale, qu'il lui plaise se hâter de réprimer une entreprise si regrettable afin de montrer que son domaine et sa juridiction n'ont subi aucune diminution ni aucune atteinte et que la superbe des Templiers n'a pas lieu de s'en réjouir ni de s'en applaudir. En outre, nous, vos fidèles hommes, nous vous prions vivement qu'il vous plaise ne point écouter à ce sujet les doléances du frère G. de Brochard ni de quelque autre Templier qui tendra toujours à dépouiller vous et les vôtres et ne point donner d'ordre contraire à ce qui a été fait raisonnablement et de plus d'adresser des lettres au Seigneur Pape, le priant vivement pour nous, de soutenir le droit, dans cette affaire, comme notre père et notre patron, puisque les Templiers requièrent une injustice manifeste, ou plus exactement, veulent vous expulser de votre héritage. Sachez de plus qu'en ceci et en tout le reste, nous trouvons le Seigneur Ponce, vénérable évêque de Saintes, dévoué et fidèle à vos droits. »

N'est-ce pas là un vrai tableau de mœurs du bon vieux temps ?

Le Roi d'Angleterre accueillit la supplique des Rochelais et la transmit au Saint-Père. Arcère donne le texte de la bulle du pape Honorius III, datée du 9ᵉ des calendes de juillet, la 6ᵉ année de son pontificat, c'est-à-dire du 23 juin 1222 par laquelle le Souverain Pontife confie à trois dignitaires ecclésiastiques du diocèse le soin de réprimer les entreprises des Templiers.

La seconde mairie de *Galerne*, signataire de cette lettre, s'étend du mois d'avril 1220 au mois d'avril 1221.

Les prétentions des Templiers sur l'aumônerie suivirent de près la mort du bienfaiteur, qui est ainsi fixée non plus à 1215, selon la mention du censif de 1497, mais bien aux environs de l'année 1220, date du testament. C'est aussi l'époque approximative du décès de l'évêque de Saintes, lequel, par un décret de 1217, sanctionna la division de la paroisse de Notre-

Dame de Cougnes en trois nouvelles paroisses. Dès 1214, les trois chapelains avaient consenti à l'érection d'un autel et à la célébration du culte dans la chapelle de l'Aumônerie, moyennant trois cents sols de revenu partagés entre eux. Le corps d'Aufredi fut enseveli devant l'autel.

Une bulle du pape Alexandre IV constate l'accomplissement de ces diverses dispositions (23 octobre 1256).

Le testament du pieux fondateur de l'Aumônerie nous autorise à formuler diverses conclusions.

Le nom d'*Aufredi* indéclinable dans les chartes latines du treizième siècle avec une seule *f* et un *i* final devient ensuite *Aufrei*, puis *Offroy* dans les pièces françaises. *Pierre Barbe*, auquel Aufredi céda le gouvernement de l'Aumônerie, figure pour la première fois en cette qualité, en 1229.

Aufredi est décédé avant 1223. Sa femme, Pernelle, qui lui survécut, n'avait plus d'enfants quand Aufredi fit son testament. Il n'avait pas eu à se plaindre de la dureté des siens durant son infortune, puisqu'il les associa à sa bienfaisance, en les faisant entrer de moitié dans le conseil d'administration de son Hôtel-Dieu. Sa charité eut-elle pardonné entièrement les offenses personnelles, Aufredi ne se serait pas senti libre de confier son établissement aux gens qu'il aurait su, par expérience, endurcis contre l'infortune et impitoyables au malheur. Rien dans les documents authentiques ne confirme d'ailleurs ni ne vient infirmer les traditions relatives à la ruine momentanée de l'armateur. En se consacrant avec sa femme au soin des pauvres, Aufredi ne s'était pas retiré du monde, mais il se mêlait sans cesse aux hommes les plus considérés de son temps, à l'aristocratie municipale et il donne à l'évêque de Saintes, de la maison des sires de Pons, les titres de très-cher et personnel ami *(amicus carnalis)*.

Au Moyen-Age, dans l'Eglise et dans l'Etat, règnent deux maîtres, dont les pouvoirs sont sans limites, le Pape et le Roi. L'agitation se manifeste à la surface, les clercs peuvent résister à leurs évêques, les moines à leurs abbés, les vassaux à leurs seigneurs, mais il n'y a ni liberté politique, ni liberté de conscience, ni notion des droits individuels. En haut trônent deux chefs incontestés. Les priviléges municipaux — même lorsqu'ils confèrent à une commune l'apparence républicaine — s'appuient sur la couronne qui les renouvelle et les confirme. Dans une société ainsi organisée, ce n'est donc pas sans surprise que nous voyons un bourgeois du treizième siècle affirmer par son testament ratifié par l'autorité religieuse, la nette distinction du domaine spirituel et du domaine temporel. A l'ecclésiastique, le service de l'autel, au laïque, l'administration de l'Aumônerie. (*) Le laïque qui s'ex-

---

(*) Voir la lettre de Louis XI confirmant les priviléges de l'Aumônerie, le 19 novembre 1473. Original — liasse 67, charte 8 des archives de l'hospice d'Aufredi de la Rochelle.

« La dicte aumosnerie Saint Barthomé de la dicte ville estoit du corps et collegge d'icelle ville et desdiz maire, eschevins, conseillers et pers qui en avoient la totalle et principalle administracion de la dicte aumosnerie comme membre deppandant d'eulx, en laquelle aumosnerie ils avoient totalle puissance et jurisdicion et estoit icelle aumosnerie office de la dicte ville de la Rochelle en laquelle aumosnerie... lesd. maire, eschevins, etc., commectoient et ordonnoient ou eslisoient, toutes voyes que besoing en estoit, l'un d'eulx pour gouverner et administrer icelle dicte aumosnerie... pour recueillir les pauvres gens, malades, orphelins et souffreteux affluans en la dicte ville qui est assise sur port de mer de toutes nations.... car ledict aumosnier.... est homme lay, non subgect à paier aucune finance, en icelle dicte aumosnerie Noustre Saint Père le Pape, Archevesque ne l'Evesque de Xaintonge ne autre Prélat d'Eglise n'avoient que

prime ainsi est loin d'être hostile à la Religion, il a été gagné à la vérité par l'expérience de la vie, par les épreuves. Sa foi personnelle et libre se manifeste par la charité.

Placée dans son cadre, la grande figure d'Alexandre Aufredi demeure pour la postérité comme la personnification la plus complète, à la Rochelle, de la charité dans la vie civile.

Aufredi ne s'est pas borné à donner ses biens aux pauvres, il s'est donné lui-même avec sa compagne dévouée. Il nous a laissé ce qui vaut mieux qu'un nom glorieux, il nous a légué un exemple à suivre, il nous a enseigné l'esprit de sacrifice qui résume tout l'Evangile, il a précisé par sa vie entière le sens du mot *laïque* dans sa plus haute acception.

---

1. *Universis Christi fidelibus ad quos presentes littere pervenerint Alexander Aufredi salutem...* — 2. *quod ego in presentia venerabilis patris mei P. Dei gratia Xanctonensis episcopi .... permissionem vel ordinationem aliquibus* — 3. *vel cum aliquibus fecerim de domo helemosinaria nova quam edificavi apud Ro-*

veoir ne que congnoistre en forme et manière qui fust, mais estoit uniquement icelle dicte aumosnerie office de la dicte ville, corps et collegge d'icelle et le service et autres euvres piteuses et charitables qui estoit fait en la dicte aumosnerie estoit fait par chappellains locatifs et par la main dudit aumosnier lay et dud. collegge de lad. ville, sans ce que les gens d'église y eussent que veoir et que congnoistre, et n'avoit icelui aumosnier de soy mesmes puissance de fuire, bailler ne passer aucuns contraulx, sans l'autorité desd. maire, eschevins, conseillers et pers, auxquieulx appartenoit lad. aumosnerie... »

chellam voluntate mea innritum revocavi — 4. et statui quod in dicta domo sit procurator rerum temporalium laïcus qui paupe..... ministret, ad presens autem — 5. volo et statuo quod P. Barba si ipsum de transmarinis partibus redire contigerit...... lium ipsius domus perpetuus — 6. procurator, si vero non redierit, volo et statuo quod ibi statuatur procurator ad consilium mei P. Xanctonensis episcopi, sicut karissimi — 7. et carnalis amici mei et ad consilium proborum virorum J. Galerne, majoris, S. de Bello loco, A. de Carturtio, J. Junan, Girald. de Camera — 8. S. Guiart, J. Savari, P. Fulcherii, J. de Jardo, Phil. Letegii, Alexandri Tolope, et Gaufred. Aufredi. Post vero decessum istorum volo quod sta — 9. tuatur procurator ad consilium majoris et X^m proborum virorum de Rochella, quorum medietas sit de meo genere si in Rochellam idonei — 10. poterint inveniri. Statuo etiam quod ad presens Hubertus presbyter et magister Galterius, si forte redierit de transmarinis partibus, ibidem statuantur — 11. Et ad ecclesiastica sacramenta ministranda pauperibus et fratribus dicte domus preter baptisma non redierit ad electionem procuratoris — 12. domus et consilium supra dictorum virorum alius presbyter statuatur, alter vero istorum presbyterorum ep..... det curam animarum fratrum et — 13. pauperum ipsius domus uterque istorum presbyterorum de ipsa domo X libras tantummodo recipiet oris dicte domus. Si vero probi — 14. homines supra dicti procuratorem domus vel presbyterum qui non habuerit curam animarum in honesto... domini episcopi potuerint ipsos removere — 15. alterum vero qui *curam animarum habuerit similiter cum licentia domini episcopi, omnia vero b.,... mobilia et omnia debita mea — 16. lego dicte domui helemosinarie exceptis illis rebus quas legavi uxori mee cons.... meis ita videlicet quod ipsa domus — 17. ad arbitrium legatariorum meorum videlicet domini P. venerabilis episcopi Xanctonensis. S. de Bello loco — 18. G. Aufredi et Alexand. Tolope de debitis et querelis meis satifaciat competenter — 19. Episcopus ad meam petitionem presentibus litteris sigillum suum fecit appon...*

(Original sur parchemin, jadis scellé sur simple queue.)

La Rochelle, Typ. A. SIRET.

www.ingramcontent.com/pod-product-compliance
Lightning Source LLC
Chambersburg PA
CBHW071448060426
42450CB00009BA/2333